AF596341

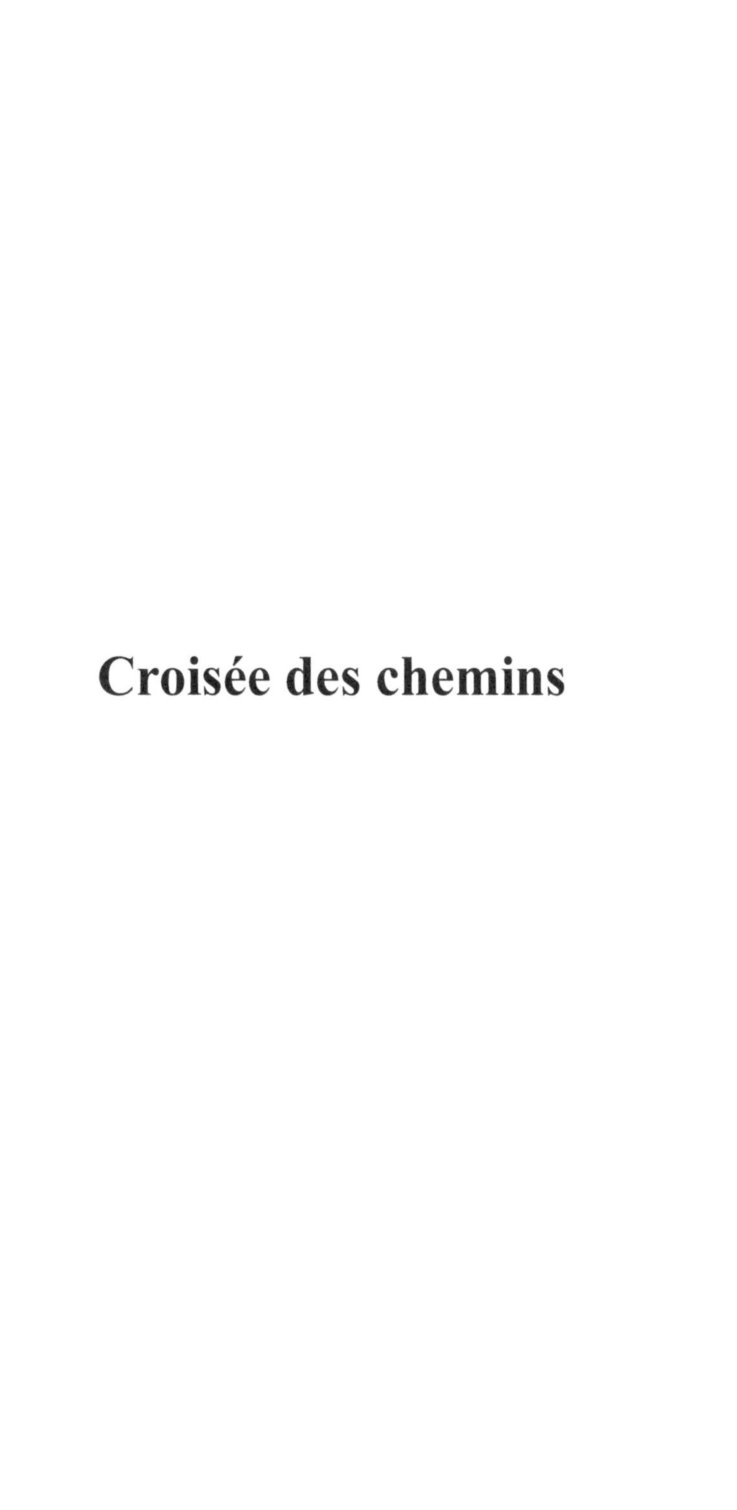

Croisée des chemins

Anne Dealbert

Croisée des chemins

Recueil

© Lys Bleu Éditions – Anne Dealbert

ISBN : 979-10-377-8677-7

Le code de la propriété intellectuelle n'autorisant aux termes des paragraphes 2 et 3 de l'article L.122-5, d'une part, que les copies ou reproductions strictement réservées à l'usage privé du copiste et non destinées à une utilisation collective et, d'autre part, sous réserve du nom de l'auteur et de la source, que les analyses et les courtes citations justifiées par le caractère critique, polémique, pédagogique, scientifique ou d'information, toute représentation ou reproduction intégrale ou partielle, faite sans le consentement de l'auteur ou de ses ayants droit ou ayants cause, est illicite (article L.122-4). Cette représentation ou reproduction, par quelque procédé que ce soit, constituerait donc une contrefaçon sanctionnée par les articles L.335-2 et suivants du Code de la propriété intellectuelle.

Grimpe en douceur
petit escargot
tu es sur le Fuji !

Kobayashi Issa 小林一茶
1763 – 1828

À mes parents…

Préface

Je ne connaissais pas beaucoup les haïkus
je connaissais un peu Anne Dealbert

j'ai découvert les haïkus
et le bref moment qui passe,
la sensation fugitive qui étonne
et l'émotion qui émerveille

je n'ai pas été surpris
son regard, son sourire, sa finesse
sont haïkus

une préface, pour quoi ?
plutôt se laisser bercer par les mots,
envahir par les sensations et se réjouir des moments

les connaisseurs sauront apprécier
les novices seront conquis

merci
Anne
pour cette découverte

Michel Colle
février 2023

Regard au loin

dans l’impasse
elle déambule et parle
seule – la voisine

square de la Poste
elle traîne son caddie
et sa toux

sonner ou pas
l’ombre de la maison
retient le soleil

battements de cils
contre battements de cœur
fenêtres à barreaux

nuage gris
les mains au fond des poches
j'ai peur de tomber

regard au loin
elle ne laisse entrer personne
dans ses pensées

pastel ou mandarine
tous les soirs un nouveau tableau dans le ciel

nouvel haïku
ces mots qui ne demandent
qu'à s'échapper

tous mes silences
réunis dans mes carnets
~ le bruit des feuilles

doigts sur le clavier
du cliquetis des touches
la petite musique

échanges distants
après l’averse l’odeur
de la terre

derrière la vitre
par petites touches
le bleu du ciel

trois pas dans la rue
un parapluie transparent
m'ouvre le ciel

Komorebi[1]
sur la joue la caresse
d'un baiser

[1] Komorebi : mot japonais, la lumière du soleil qui filtre à travers les feuilles des arbres

Susurrement des feuilles

pluie d’automne
les parapluies remplacent les parasols

premier jour d’automne
la lune blanche attend
le soleil naissant

murmure d’automne
matinales les notes des oiseaux

matin opaque
enroulé autour du cou
brouillard

arrière-saison
susurrement des feuilles
aux reflets passés

douceur matinale
le long de la voie ferrée
des feuillages d'or

traîne d'automne
si généreux le vieil arbre
son manteau crépite

matin d'automne
les yeux embrumés
la corneille me salue

rosée dans l'herbe
le dessin des silhouettes
sous un voile blanc

matin d'automne
mon souffle devient
fumée

écoutant la chute
d’un marron
leurs doigts entrelacés

mots délivrés
de l’érable une feuille
rouge et morte

été indien
sur les arbres déverdis
le chant des rouges-gorges

automne indien
une mouche
lit mes mails

automne au parc
l'allée de hêtres si belle
et mes pas au ralenti

matin d'octobre
sur le quai des brumes
mon écharpe rose

soir d'octobre
sur mes cheveux une bruine imperceptible

coucher de soleil
à l’opposé des longs courriers
les grues

quartier de lune
un sourire dans le ciel étoilé

dehors la bruine
mon visage et mes pas tout gris

au coin de la rue
un tapis de feuilles jaunes
foulée de soleil

lune de pluie
le tintamarre de la cuillère

cimetière
les seniors avancent
dans les bouchons

marbre noir
l’éclat des chrysanthèmes
sous la pluie

dès les premiers froids
la soupe couleur de feu
du potimarron

automne avancé
timides jours devant la nuit

nuit noire d’automne
une blanche colombe
sur un fil électrique

sortie de travail
sous son meilleur profil
la lune

lune voilée
ma voix se fait ténue

pleine lune
chuchotis de l'ombre des oiseaux de nuit

lune de longues nuits
le chat dort enroulé sur la couette

pluie de feuilles
elle met une bassine
sur la tête

tempête d'automne
le long discours du vent
sans discontinuer

vent d'automne
un pêle-mêle d'objets épars à mes pieds

fin d’automne gris
derrière la vitre
les roulettes d’une valise

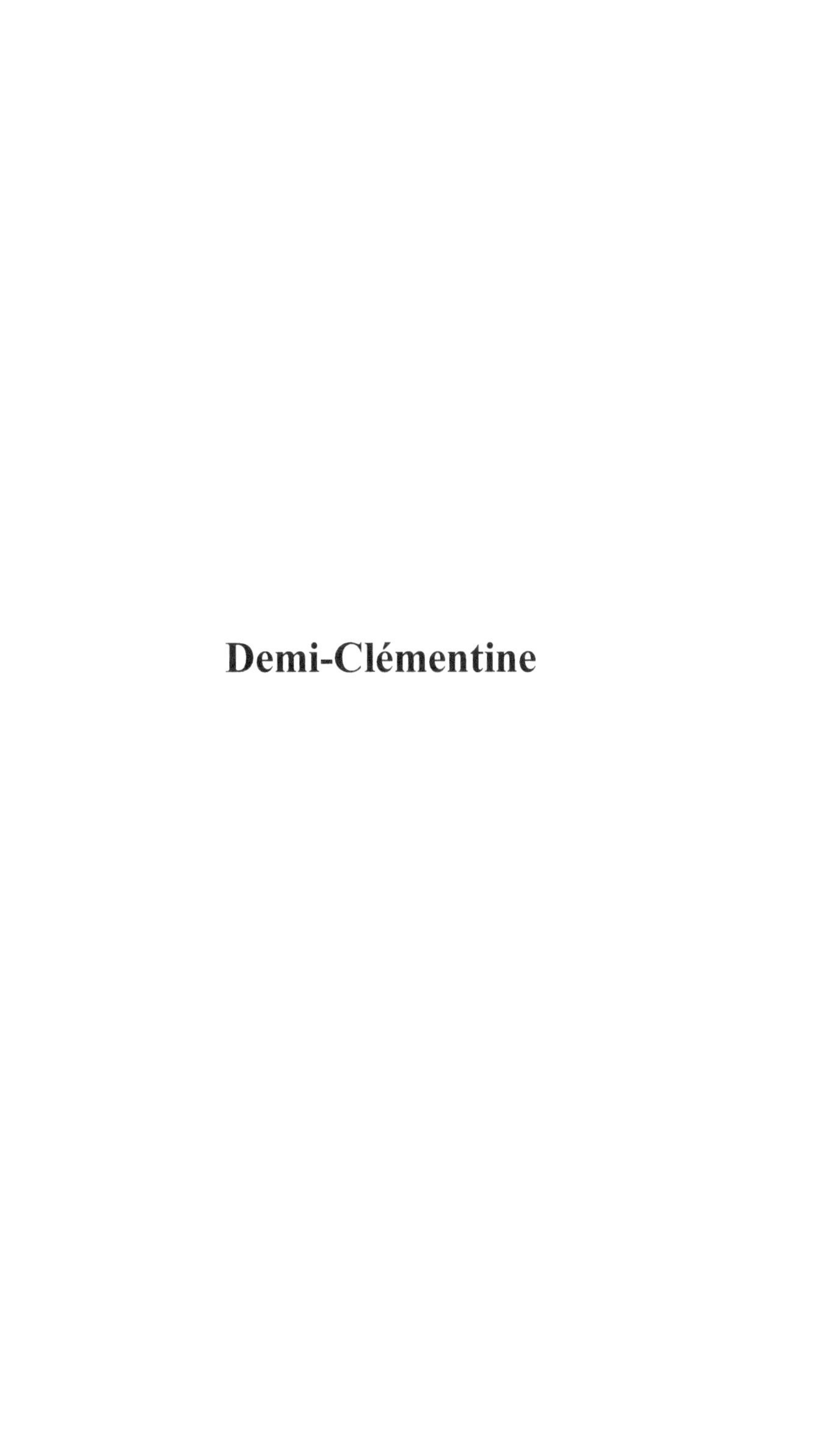

Demi-Clémentine

premier jour d'hiver
elle envoie un colis de douceurs

demi-clémentine
dans la bouche un reste de vacances

rebord de fenêtre
les yeux de la chouette
la nuit

orchidée blanche
à la fenêtre je lis
mon courrier

orchidée
elle note quelque chose
sur son agenda

grand gel
l’herbe vêtue de blanc rompt le silence

soir de décembre
roulis de feuilles mouillées
à toute volée

poêle à charbon
ses gestes pour sa maisonnée

parfum flottant
l'écorce d'orange grillée sur le poêle

brume d’hiver
les paroles s’envolent en fumée

lune froide
les lumières du phare à l’entrée du port

nuit de longues nuits
dans la taverne le vin
rassemble

nuit d’hiver
le silence invite le tic tac de l’horloge

nuit d’hiver
rien ne bouge dans la maison
si les meubles craquent

aube d’hiver
le plafonnier au-dessus
des bols de café

Grande Ourse
un petit landau dans les yeux

solstice d'hiver
elle fait tourner le globe terrestre

étoiles d'hiver
accrochées au sapin
nos pensées pour eux

sur le banc
un sapin abandonné
~ lendemain de fête

carte du Nouvel An
la chaleur des mots écrits à la main

deuxième jour
sous la porte un filet
de lumière

nappe de neige
sur un îlot de terre
un merle vient picorer

un sans-abri
raide sur le trottoir
le rouge-gorge

vent du nord
les dents claquent sous le bonnet

matin blanc
le soleil et le brouillard
main dans la main

brouillon de vent
le chat joue avec la pelote de laine

soirées d’hiver
les tasses fumantes de tisane de menthe

Présentation
elle rallie son beau-frère
autour des crêpes

rafale de l’est
un ciel en taches sombres
sur les fins narcisses

après les grues
je regarde les prunus
bientôt le printemps

Glycine fleurie

primevères
le frottement de nos mains
dos à dos

printtemps frileux
sur les fils électriques
un nuage gris

bord de route
la lumière des jonquilles
chasse la grisaille

fraîcheur du jardin
le long de mes pas
un arc-en-ciel de tulipes

léger gazouillis
je sens sur mon cou
la fraîcheur de l'air

ondée de printemps
le marchand de parapluies
fan d’Audrey Hepburn

ciel tourterelle
par-dessus les voitures
son chant me parvient

pluie d'avril
le cliquetis du clavier
claquetant

chant d'oiseaux –
chacun de sa petite note
et moi qui écris

dans les lilas blancs ~
des restes de rêve
s'écrivent en poèmes

gorgée de café
le lilas blanc tu cueilles pour moi

lys blanc
sur la table blanche
mes poèmes

fenêtre ouverte
le chant des oiseaux
jusqu'à mon livre

premiers bourgeons
l'orchidée tend un bras
vers le soleil

lumière du soir
d'un dimanche de printemps
les bruits étouffés

dernier printemps
sur la table de la cuisine
ses plans griffonnés

chant d’oiseaux
ma fenêtre ouverte sur le printemps

matin de printemps
un rayon de soleil
au fond des yeux

ciel de printemps
sur les toits des maisons
le rebond du soleil

soleil dans les yeux
par la fenêtre du train
le colza en fleur

bouquet de tulipes
les couleurs de l'enfance

matin d'avril
la Vendée en brochure
sur le quai du tram

derrière la vitre
deux mésanges picorent –
ma biscotte et moi

vertes pâquerettes
ses petits pétales blancs
volent au vent

pâquerettes des villes
l'enfant cueille un bouquet
à sa taille

nappe de brouillard
réveillée en douceur
par le chant des oiseaux

brin de muguet
le parfum du bonheur
à offrir

bouton de rose
une promesse entre deux amies

glycine fleurie
le cartable est moins lourd

regard d'enfant
la forme des ailes
des hirondelles

fin d'après-midi
les fleurs de millepertuis
règnent en soleils

soir de printemps
le coucher de soleil sur les feuilles de menthe

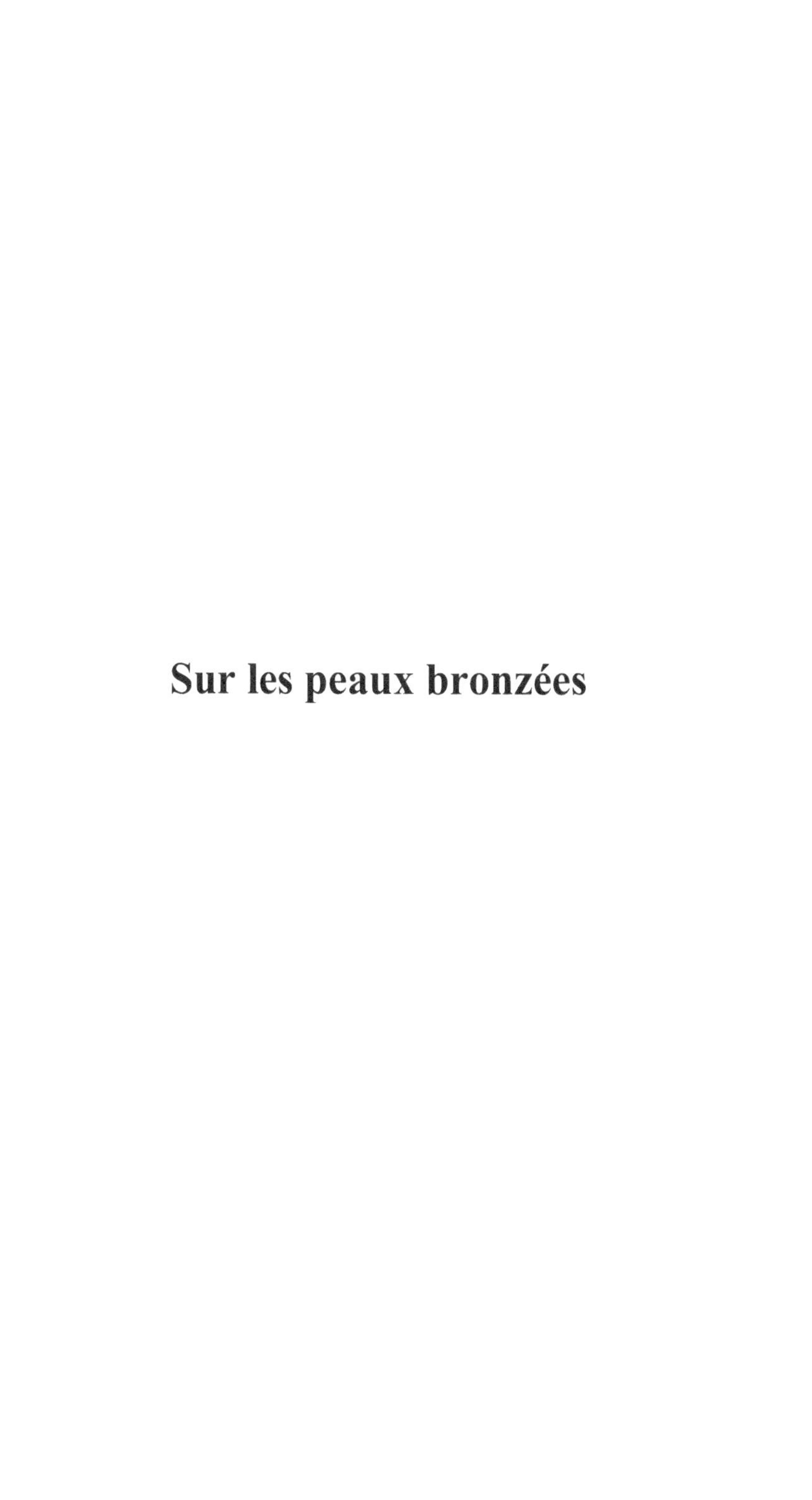

Sur les peaux bronzées

solstice d’été
entre parenthèses
la nuit

début de l’été
une plume de pigeon
sur mon passage

soleil ami
en chemin
mon premier coquelicot

marche sous la pluie
avec les coquelicots
la route moins longue

le coquelicot
en fermant les yeux
à nouveau enfant

pré à coquelicots
sous les herbes hautes
un couffin vide

où que j'aille
mes yeux toujours attirés par les coquelicots

goutte de rosée
la toilette des fleurs
le matin au réveil

rue déserte
par la fissure du trottoir
trois épis de Molène

grande mauve
les cris des corneilles
sur mon haïku

fin de semaine
le chant du coucou manqué ce matin

mille pissenlits
du bout de ses doigts s’envole
son unique vœu

coucher du soleil
du regard suivre l’air
dans les pissenlits

matin d'été
la lumière du ciel
sur les nuages

13 juillet
le concert des crapauds
entre les fusées

dans la voiture
passagère clandestine
la mouche

route des vacances
la fausse menace du père
sur les jours de plage

escalade
des frères sur le sable
vacances d'été

aoûtienne
auprès de sa scie circulaire
le voisin

phare en Ré
les goélands rattrapent
le ciel ocre

Dune du Pilat
j'escalade mon rêve
par la pente raide

plage landaise
dans son seau l'océan
sans poisson

de branche en branche
entraîné par les cigales
l'écureuil

pause estivale
près des rochers j'écoute
l'eau passer

éclairs dans la nuit
le ciel se déchire
en tonnant

petit déjeuner
après l'orage le vent
sur les gazouillis

août dépeuplé
fenêtre ouverte
les pigeons entrent

lavande séchée
par la fenêtre entrouverte
les rires des enfants

ciel d’été
le croissant de lune et l’avion
côte à côte

embouteillages
de bon matin les fourmis
à la queue leu leu

matin d'été
les arbres plus verts
sous le ciel bleu

grandes vacances ~
les étoiles filantes
en voiture

pluie d’été
la danse des gouttes
j’écoute

concert d’été
la pluie musicienne
de note en note

évier en pierre ~
l'ombre fraîche du patio
après la mer

mi-août
elle se retourne pour voir le chemin parcouru

soir d'été
la fausse mandarine
disparaît au loin

coucher de soleil
sur les peaux bronzées
le murmure des vagues

sur le trottoir
on cause en prenant le frais
chacun sa chaise

papillon de nuit
longues conversations
de l'après table

fin de séjour
le long de la plage
marcher encore

soir d’été
sous un ciel layette
un air frais

lumière ambrée
la figue dans le plat n’attend que moi

été pluvieux
une à une les lettres du scrabble

les robes d'été scintillent dans l'armoire
gris du ciel

nuit noire d’été
des coups de pétard effraient
un chien… et moi

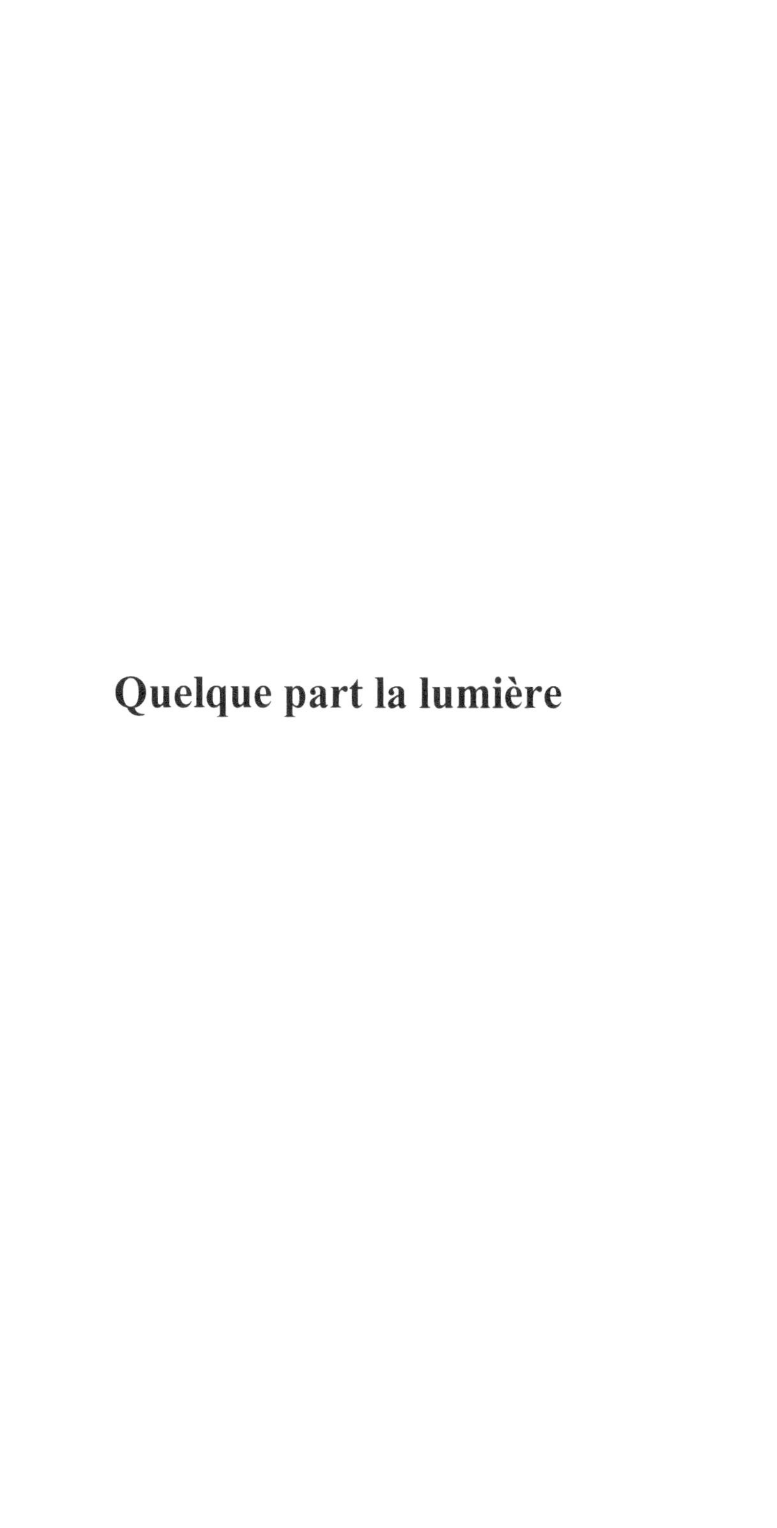

Quelque part la lumière

le temps des cerises
les amis disparus dans les souvenirs

rue passante
de mes parents le souvenir
inaltéré

sept ans aujourd’hui ~
la morsure du froid
quand elle est partie

cent ans…
l’anniversaire posthume
de ma mère

novembre
un simple mot aimable
et tombe une larme

aujourd'hui
j'ai l'âge d'une enfant
mes chers disparus

de jour en jour
dans son rôle de mère
un peu de sa mère

deux allumettes
et son souffle sur les bougies
dix-huit ans !

dans la cuisine
des blettes sur le feu
traces de toi

photo d'autrefois
au dos un mot de sa main
pour son bien-aimé

café matinal
sa future maison
au crayon

coup de rabot
sur ses bleus de travail
l'odeur du bois

derrière la vitre
le rayon de soleil
sur le fauteuil vide

sur les meubles
les témoins de sa vie
grains de poussière

présent africain
les cauris à son poignet
en porte-bonheur

collection
un pot de confiture
rempli de fèves

Cloître du Grand Séminaire
sans bruit au bord de la mare
la rainette

sans contrôle
d'une vitre à l'autre du tram
le pigeon

rauques dans le ciel
les cris des corneilles en vol
puis le silence

duvet blanc
sur mon passage
le merle picore

sac en papier
sur le quai du tram
des petits coups de bec

élégante en noir et blanc
par deux fois sur ma fenêtre
la pie

la tête ailleurs
ce matin au jardin
crac ! fait l'escargot…

croisée des chemins
elle revoit son sac orange
entre les arbres

entre chien et loup –
au fond des yeux un reflet
d'évasion

entrée dans la nuit
une à une les étoiles
brillent dans le ciel

crépuscule
quelque part la lumière
ne s’éteint pas

Remerciements

À ma famille, à mes amis,
à mes amis auteurs, à mes lecteurs,
merci pour vos encouragements.

Bibliographie

Revues de haïkus et poésie

Gong – L'Ours dansant – Libelle – Haïku Canadian Review – Revista Haiku (Roumanie) – Revue du Tanka Francophone – Estran – Florilège – Site : Temps.libres.org

Au Japon

Haïkukaï – International Saijiki Hiver, Nouvel An – Haiku University – Revue Manmaru

Recueils collectifs

Nocturnes - Haïkus de nuit, ouvrage collectif dirigé par Monique Leroux-Serres, Editions Pippa, novembre 2022

Anthologie des meilleurs poèmes, Prix International Arthur Rimbaud 2022

Mille et une plumes, ouvrage collectif, Editions SelaProd, 2022

Florilège 2022, Le Rêve La vie L'Aventure, Les Dossiers d'Aquitaine

Anthologie 2022, Rouge, Poésie, Association Poétique Luna Rossa

Florilège 2021, Les Terroirs Les Territoires, Les Dossiers d'Aquitaine

À paraître

Un ange passe, ouvrage collectif de haïkus autour du silence dirigé par Daniel Py, Editions Pippa, printemps 2023

Mention obtenue

Concours International Haïku Magazine 2022, organisé par la Société Roumaine de Haïku, La Revue Haïku à Bucarest – section française.

Table des matières

Imprimé en Allemagne
Achevé d'imprimer en mars 2023
Dépôt légal : mars 2023

Pour

Le Lys Bleu Éditions
40, rue du Louvre
75001 Paris

www.ingramcontent.com/pod-product-compliance
Lightning Source LLC
La Vergne TN
LVHW012110160826
845678LV00014B/3014

9791037786777